RATUS POCHE

COLLECTION DIRIGÉE PAR JEANINE ET JEAN GUION

❧

Ratus le chevalier vert

Les aventures du rat vert

© Hatier Paris 2010, ISSN 1259 4652, ISBN 978-2-218-92960-1

Ratus
le chevalier vert

Une histoire de Jeanine et Jean Guion
illustrée par Olivier Vogel

HATIER
Jeunesse

Les personnages de l'histoire

À notre très cher Didier.

1

Autrefois, le bord de la rivière était l'endroit le plus charmant de Villeratus. Les familles aimaient s'y promener le dimanche. Les gens se baignaient et des sportifs s'entraînaient pour devenir champions de natation. Mais depuis quelques années, certains ont pris la mauvaise habitude d'y jeter toutes sortes de détritus. Plus personne ne va s'y promener. Plus personne n'ose plonger dans l'eau. Sauf Victor, qui s'entraîne pour les jeux olympiques.

Ce jour-là, Ratus et les chats l'accompagnent.

– Je vais te chronométrer, dit Ratus. Tu vas être le champion du 100 mètres dans l'eau sale.

– Elle n'est pas plus sale que d'habitude, grogne Victor. Priorité à l'entraînement !

Il prend son élan pour plonger, puis se ravise. 1

– Finalement, c'est vrai, dit-il en se tournant vers Belo. Elle est un peu trouble, aujourd'hui. On dirait que Ratus s'est lavé dedans.

Vexé, le rat vert se précipite sur Victor pour le 2

pousser et le faire tomber dans la rivière. Mais Victor fait un pas de côté et plouf ! c'est Ratus qui tombe à l'eau.

– Au secours ! Je vais avaler de l'eau qui sent mauvais !

Mina est horrifiée.

– Il va s'empoisonner ! crie-t-elle.

Sans hésiter, Victor plonge et ramène le rat vert sur la berge.

– Tu m'as sauvé la vie, lui dit Ratus, tout tremblant de peur.

Il se secoue pour faire tomber la vase et les débris qui se sont collés à lui, puis il saute au cou de Victor.

– Merci. Tu es un gentil gros mahousse costaud avec un cœur en or.

– On rentre, dit Belo. Vous avez tous les deux besoin d'une bonne douche.

Le lendemain matin, Ratus est couvert de plaques rouges sur le ventre et les bras. Belo fait venir un médecin qui diagnostique une allergie sévère.

– C'est la pollution, dit-il. La rivière est devenue aussi sale qu'un égout.

Heureusement, le rat vert finit par guérir et il retourne à l'école.

– La rivière est plus malade que moi, dit-il à sa maîtresse. Est-ce qu'on peut la nettoyer pour qu'elle guérisse, elle aussi ?

– Moi, je veux bien la laver, dit le gentil Mazo Dumouton qui ne réfléchit pas toujours avant de parler.

Jeannette explique qu'on ne peut pas laver une rivière, mais qu'on peut en prendre soin.

– Je veux bien la soigner, dit Mina qui rêve d'être infirmière.

– Moi aussi, dit Marou.

Tous les élèves veulent guérir la rivière, même les lapins qui jettent toujours le papier de leur goûter n'importe où.

À la récréation, la maîtresse en parle au directeur qui téléphone aux pompiers, qui téléphonent au maire, qui le soir même passe à la télévision et annonce :

– Dans notre jolie ville, nous sommes très concernés par la protection de la nature. C'est pourquoi j'encourage les élèves de l'école qui ont décidé avec Ratus de lutter contre la pollution.

– Bravo ! dit le présentateur. Nous devons tous

*Que vont utiliser les élèves pour nettoyer
les bords de la rivière ?*

avoir un comportement responsable.

Et tous les téléspectateurs, assis devant leur poste, applaudissent.

Une semaine plus tard, tout est prêt. Le directeur de l'école a fait un plan avec le maire, les pompiers, les éboueurs et les jardiniers de la ville. Les adultes se chargeront de la rivière, tandis que les élèves en nettoieront les berges. Les enfants auront des bottes, des pelles, des râteaux et des sacs poubelles.

Le matin du grand jour, Jeannette explique à ses élèves que chaque classe est chargée d'un pré situé au bord de la rivière.

– Notre classe nettoiera le pré du vieux saule, dit-elle.

– Chic ! dit Ratus. C'est le plus sale. On va être les champions du dépollutionnage.

Tout le monde rit, car ce mot n'existe pas.

– Vous vous mettrez par trois, dit Jeannette en riant, elle aussi. Chaque groupe prendra le matériel que le directeur a préparé.

Les élèves quittent l'école en chantant, Ratus en tête, une pelle sur l'épaule. Il marche au pas, en regardant bien droit devant lui. Il chante à tue-tête la chanson des sept nains de Blanche-Neige, avec de nouvelles paroles :

Bravo, bravo ! Nous allons au boulot
Pour nettoyer le bord de l'eau
Bravo, bravo…

Ratus se tourne brusquement vers Marou, et la pelle tourne avec lui, vlan ! derrière les oreilles de Janot Lapin qui en tombe sur le derrière.

– Oh, pardon ! dit Ratus en se penchant pour l'aider à se relever.

Et re-vlan ! Cette fois, c'est Marou qui reçoit la pelle sur le nez et donne illico un coup de manche de râteau à Ratus. Les deux copains se prennent aussitôt pour des chevaliers du Moyen Âge, saisissent leurs outils comme des lances et commencent à se battre en duel.

– Seigneur Marou, je vais te pelleter le bout du nez, crie Ratus.

– Et moi, répond son copain, je vais te ratisser les oreilles !

Jeannette accourt pour les séparer.

– Calmez-vous, les garçons ! Mina et Capra, prenez leurs outils.

Ratus et Marou boudent un moment, puis le rat vert se remet à chanter :

Tant pis, tant pis ! Sans outil au boulot
Le bord de l'eau ne s'ra pas beau
Tant pis, tant pis !

Tous reprennent en chœur, et la classe de Jeannette finit par arriver sans incident près de la rivière.

Avec leurs râteaux, les élèves font de petits tas de saletés qu'ils ramassent ensuite avec leurs pelles pour les mettre dans les sacs poubelles. Vers midi, les éboueurs viennent chercher les premiers sacs et félicitent les enfants.

– Vous faites du bon travail, leur disent-ils. Vous êtes les champions de l'environnement.

À peine sont-ils repartis qu'une voiture de la mairie et un camion de pompiers s'arrêtent à l'entrée du pré pour apporter le pique-nique et de l'eau propre pour se laver les mains. Des adultes aident Jeannette à servir le déjeuner et à surveiller ses élèves. Il y a Belo, M. Labique le père de Capra, Mme Dumouton la maman de Mazo, et Victor…

2

Vers quatre heures de l'après-midi, les abords de la rivière et le pré du vieux saule sont propres : plus un seul papier, plus un seul morceau de plastique ou de ferraille. Les cageots et les pneus usés ont été emportés par les éboueurs. Pourtant, Ratus a l'air préoccupé.

– Viens voir, dit-il à Marou. Tout à l'heure, en ratissant des saletés, les dents de mon râteau ont gratté contre quelque chose de dur.

– Ça devait être une grosse pierre.

– Non, je crois que c'était du métal.

– Et si c'était un trésor ? dit Mina. Un coffre plein de bijoux en or…

– Chut ! fait Ratus. Il ne faut rien dire, à personne. J'ai mis sept cailloux blancs pour retrouver l'endroit.

À ce moment-là, le directeur souffle un grand coup dans son sifflet. Les élèves se regroupent et se mettent en rang sur le chemin.

– Demain, nous reviendrons, dit-il. Chaque

classe plantera un arbre et des fleurs. Les jardiniers de la ville seront là pour nous aider.

– Hourra ! crient les enfants.

Mais Ratus ne crie pas « hourra », ni Marou, ni Mina. Ils pensent à leur trésor.

– Quelqu'un risque de le trouver en plantant un arbre, chuchote Ratus à ses amis.

– En route ! crie Jeannette. On rentre à l'école.

Et sur le chemin du retour, tout le monde entonne la nouvelle chanson du rat vert :

Bravo, bravo ! Nous rev'nons du boulot
Le bord de l'eau est propre et beau
Bravo, bravo…

Les lapins chantent à tue-tête, Capra aussi, mais très vite Ratus, Marou et Mina se contentent de fredonner. Le cœur n'y est pas, à cause des cailloux blancs et du trésor. Ratus se demande comment Marou et lui pourront le déterrer sans outils. Il leur faudrait au moins une pioche, et justement, le directeur en porte une sur l'épaule. Alors, Ratus a une idée…

– Maîtresse, puisqu'on passe devant ma maison, on pourrait laisser les outils chez moi, cette nuit. Ça nous éviterait de les porter jusqu'à l'école et de les rapporter demain.

7

Quels outils Ratus va-t-il chercher pour creuser sous les cailloux blancs ?

Jeannette en parle au directeur qui trouve l'idée excellente, et les outils sont déposés chez Ratus qui les range derrière sa maison. Le rat vert souhaite bonne nuit aux outils, tout le monde rit et la classe repart en direction de l'école, Ratus, Marou et Mina rêvant à leur trésor.

Après la classe, les élèves traînent un peu. Certains racontent qu'on pourra bientôt jouer dans des prés tout propres et se baigner dans une rivière limpide. Les lapins racontent qu'ils ont rempli plus de sacs que les autres et qu'ils sont les rois des écolos.

Ratus, lui, est déjà loin, tout comme Marou et Mina. Ils se dépêchent… Ils vont récupérer une pelle et la pioche du directeur.

Arrivés au pré du vieux saule, le rat vert cherche les sept cailloux blancs.

– C'est là ! dit-il.

Aussitôt, il creuse. Marou enlève la terre et Mina surveille le travail. Gling ! fait tout à coup la pioche en rebondissant.

– C'est le couvercle du trésor ! s'écrie Ratus.

Et gling, et gling, et gling, il tape de plus en plus vite.

– Arrête ! dit Marou. Tu vas le casser.

Les trois copains se mettent à genoux et finissent d'enlever la terre à la main. Mais ce qu'ils découvrent n'est pas un coffre, ni un couvercle : c'est une grosse plaque de métal.

– On dirait un bouclier, dit Mina.

Avec quelques branches en guise de balai, elle enlève la terre qui cache encore la plaque.

Ratus et Marou n'en croient pas leurs yeux.

– C'est bien un bouclier !

– Il faut le soulever, dit Ratus.

Il essaie avec ses mains, mais en vain.

– Laisse-moi faire, dit Marou en coinçant la pointe de la pioche sous le métal et en appuyant sur le manche de toutes ses forces.

– Ho, hisse !

Ratus et Mina poussent aussi sur le manche pour faire levier. Le bouclier se décolle petit à petit de la terre.

– Qu'il est lourd ! fait Ratus en tirant leur trouvaille pour qu'elle glisse sur l'herbe.

Les trois amis s'arrêtent un instant pour souffler, puis ils s'approchent de l'endroit où était le bouclier :

– On dirait qu'il n'y a pas de trésor ! dit Ratus,

très déçu. C'est juste un gros trou.

Mina se penche et regarde.

– Dommage, dit-elle, aussi déçue que Ratus. J'aurais bien aimé qu'on trouve des bagues et des colliers de princesse.

– Je vais descendre dans le trou, décide Ratus. On verra bien…

Oh, le trou n'est pas profond, trente ou quarante centimètres, pas plus. Le rat vert ne risque pas de s'y perdre !

– Et hop ! crie-t-il en sautant dedans à pieds joints comme s'il se jetait dans une piscine pour faire éclabousser l'eau.

Patatras ! Le sol s'effondre sous son poids et il disparaît complètement sous la terre.

– Ratus ! Ratus ! crie Marou en se mettant à plat ventre, la tête au-dessus du trou pour essayer d'apercevoir son copain.

Pas de réponse, juste un bruit de terre et de cailloux qui glissent et dégringolent.

– Ratus, où es-tu ? crie Mina, affolée.

Toujours rien. Aucun bruit. Puis une série de claquements, comme un bruit de castagnettes.   8

– Ratus ? crie-t-elle encore. C'est toi ?

Le bruit devient plus fort.

Dans le trou, qu'est-ce qui fait peur à Ratus ?

– Glagla-glagla-glaglagla…

Soudain, un hurlement résonne du fond de la terre et s'élève au-dessus du pré :

– Aaaaah ! Y'a des… des… des…

Et les claquements recommencent, plus fort cette fois :

– Glagla-glagla-glaglagla…

Assis sur son derrière, au fond du trou, Ratus est terrorisé. Ses yeux se sont habitués à l'obscurité, et grâce au peu de lumière venu d'en haut, il devine quelque chose qui le fait frissonner.

– Glagla-gla-gla-gla… Au secours ! Y'a des…

– Des quoi ? demandent Marou et Mina, angoissés. Des serpents ?

– Glagla-gla-gla… répond Ratus en serrant fort ses paupières pour ne pas voir ce qui est en face de lui.

– Des monstres ? demande Marou.

– Un loup ? Un ours ? demande Mina.

– Non, répond Ratus d'une voix faible. Glagla-gla-gla… des sque… gla… gla… des squelettes… Au secours !

Marou et Mina regardent autour d'eux. Ils sont seuls dans le pré et un chien hurle, au loin. Ils se mettent à claquer des dents, eux aussi.

– Glagla-glagla… au secours ! crie Ratus d'une voix qui s'étrangle maintenant. Je veux remonter… Marou ? Mina ?

Mais les chats ne lui répondent pas. Ils se sont enfuis. Ils courent sur le chemin, et ils crient de toutes leurs forces :

– Au secours, Belo ! Au secours, Victor !

Dans son trou, Ratus n'entend rien. Il n'a plus la force de tenir ses paupières bien serrées pour ne pas voir. Il essaie de ne pas regarder les deux squelettes qui sont couchés en face de lui et il appelle sa grand-mère à l'aide, comme si elle pouvait l'entendre :

– Mamie, je veux remonter ! Si je remonte, je te promets que je serai gentil. Je ne ferai plus jamais de bêtises… Euh… je ne dirai plus que tu es vieille, je ne jouerai plus avec ta perruque, je ne mangerai plus jamais tes bonbons et ton fromage en cachette, je ne mettrai plus jamais de poivre dans le nid de tes pies, je ne me déguiserai plus avec ta robe de mariée, je n'embêterai plus tes fantômes…

Bien sûr, Mamie Ratus ne répond pas. Elle est chez elle, à Ratefontaine, loin de son petit ratounet chéri. Elle regarde tranquillement la télévision en grignotant du fromage.

Le pauvre rat vert appelle une dernière fois sa grand-mère :

– Glagla-glagla… Mamie, au secours ! Glagla… Les squelettes, ils ont bougé… J'ai peur…

Puis il pense à ses copains :

– Marou ? Mina ? Glagla-glagla…

Les chats ne répondent toujours pas. Ratus comprend enfin qu'ils ont eu peur et se sont sauvés. Maintenant, il est tout seul, au fond d'un trou sombre, en compagnie de deux squelettes…

3

Quand il a peur, Ratus se sauve. Mais comme il ne peut pas sortir du trou dans lequel il est tombé, il joue au fanfaron pour se donner du courage.

– Salut, les squelettes ! fait-il d'une voix mal assurée. Ça va comme vous voulez ?

Les squelettes ne répondent pas plus que Marou et Mina, ni que sa grand-mère.

– Ça alors, fait Ratus, vous n'êtes pas bavards. Pour une fois que vous avez de la compagnie ! Vous pourriez au moins me raconter d'où vous venez.

Ratus reste ainsi un long moment à parler aux squelettes. Il se dit que Marou et Mina ont dû partir chercher du secours.

Tout à coup, il entend du bruit au-dessus de lui. Il reconnaît la voix du grand-père chat.

– Courage ! dit Belo. Nous arrivons et nous allons te sortir de là.

Le faisceau d'une lampe électrique éclaire

Ratus. Il est assis dans une sorte de cave, au pied de deux squelettes étendus côte à côte, à même le sol. Un peu plus loin, Ratus distingue un coffret et une petite armure.

– Ça alors, fait-il en les découvrant. Il y a un squelette en conserve dans le trou où je suis tombé ! Et il y a aussi un trésor…

– Idiot ! répond la voix de Victor. Un trésor et un squelette en conserve, ça n'existe pas ! Tu as dû te cogner la tête en tombant et tu es devenu fou.

Victor fait glisser une échelle de corde dans le trou et descend, une lampe torche accrochée à sa ceinture.

– Eh bien, tu as dû avoir drôlement peur, dit-il au rat vert.

– Moi ? Non ! Des squelettes, j'en ai déjà vu pour Halloween. Il y en avait même un qui me courait après…

– C'étaient des faux ! dit Victor. Ceux-là, ce sont des vrais.

Ratus grimpe à l'échelle aussi vite qu'il peut. Il grogne que Victor n'est pas malin et, une fois en haut, il tire l'échelle hors du trou pour que le gros chien ne puisse pas remonter.

– C'est à ton tour de tenir compagnie aux squelettes ! crie-t-il.

Victor a beau savoir que les squelettes sont inoffensifs, c'est maintenant lui qui n'est pas très rassuré. Tout seul, sous la terre, avec des squelettes… Brrr…

– Remets l'échelle en place !

Ratus est très content de sa farce. Par contre, Belo est agacé par ces chamailleries, mais il n'a pas le temps de gronder le rat vert, car Victor s'écrie :

– Ratus a raison. J'ai ouvert le coffret, il y a un trésor dedans ! Des pièces d'or et des bijoux !

Ratus passe aussitôt la tête par le trou.

– Le trésor est à moi, parce que c'est moi qui l'ai trouvé le premier.

– Non, il est à moi puisque tu as enlevé l'échelle, répond Victor.

Ratus la remet vite en place et dégringole les barreaux, aussitôt suivi par les chats.

– C'est un vrai trésor, dit Victor.

Tandis que Mina admire les bijoux, et que Ratus, Marou et Victor soupèsent les pièces d'or, Belo s'approche des squelettes. L'un d'eux a les doigts serrés sur une épée.

– Je crois que c'est un homme, dit-il. L'autre est plus petit. Ce doit être une femme.

– Ils se tiennent par la main, dit Mina. Ils devaient s'aimer…

Belo se penche et découvre un parchemin posé entre eux. Il le déplie délicatement et essaie de le déchiffrer.

– C'est un chevalier et sa femme, explique-t-il. Le parchemin raconte leur histoire… Si je comprends bien ce qui est écrit, ils ont été attaqués par des barbares et ils se sont cachés dans cette pièce qui conduisait au château de Villeratus par un souterrain.

Le grand-père chat lit des yeux, lentement. Il hésite un moment, puis continue :

– Je crois que l'entrée de cette pièce a été fermée avec le bouclier, des pierres et de la terre pour que les barbares ne les découvrent pas. Le chevalier et sa femme espéraient pouvoir se sauver en descendant la rivière sur un bateau, mais ils n'ont pas dû pouvoir sortir.

– Ils avaient oublié de prendre une échelle, dit Ratus, et ils se sont retrouvés prisonniers, comme moi tout à l'heure.

Belo hausse les épaules.

*Le parchemin trouvé par Belo raconte
une histoire. Laquelle ?*

– Pas du tout. Les barbares occupaient le château et leurs soldats avaient sans doute établi un camp au bord de la rivière. Le chevalier et sa dame étaient piégés.

– C'est une histoire très triste, dit Mina. Elle s'est passée il y a longtemps ?

– Oh, sans doute ! répond Belo. Le chevalier s'appelait…

Au bas du parchemin figure un nom, mais Belo a des difficultés pour le déchiffrer.

– Il faudrait demander à Rapostrof, dit-il. Il connaît bien l'histoire de notre ville.

Rapostrof est le cousin du rat vert et il est responsable de la bibliothèque de Villeratus. Il aime écrire des poésies et on raconte qu'il a lu tous les livres qui sont sur ses étagères.

– Ratus, va le chercher, dit Belo. Je vais appeler les gendarmes. Il faut leur dire ce que nous avons trouvé.

Le rat vert proteste :

– Pas question ! Je ne veux pas que Victor reste tout seul avec mon trésor ! Et je ne veux pas dire que j'ai trouvé un trésor parce qu'on me le prendrait ! Alors, vous remontez tous dans le pré et vous attendez que je revienne avec Rapostrof pour redescendre dans le trou.

Une fois tout le monde à l'air libre, Belo téléphone aux gendarmes et fait les cent pas en attendant leur arrivée. De son côté, Ratus court sur le chemin : il va chercher Rapostrof.

Pendant ce temps, Marou joue au chevalier avec la pelle en guise de cheval et Mina joue à la princesse qui regarde un tournoi. Victor, lui, s'est planté devant le trou, comme s'il le gardait. Il ronchonne, l'échelle de corde serrée contre son cœur, grognant que Ratus ne mérite pas un trésor.

4

Assis dans l'herbe, Rapostrof examine le parchemin. Il reconnaît l'histoire du chevalier Oléard de Géline, disparu avec Touène de Titou, la blonde princesse nordique, lors de l'invasion des Hotaroths, des barbares stupides et violents.

– C'est une grande découverte, dit-il. On croyait que les barbares les avaient noyés dans la rivière avant de repartir. Oui, ce sont bien la signature et le sceau du chevalier. Se sentant perdu, il lègue son trésor à celui qui le découvrira.

– Il est donc pour Ratus, dit Belo.

– Et la petite armure, continue Rapostrof, il l'avait fait fabriquer pour son fils, mais les barbares l'ont tué. Alors, il la lègue…

Le vieux savant relit le parchemin pour être bien sûr qu'il ne fait pas d'erreur.

– Oui, c'est ça… dit-il enfin. Il la lègue au premier enfant qui pénétrera dans cette cachette.

– Elle est donc aussi pour Ratus, conclut Belo.

Victor s'approche du vieil historien.

– Il n'y a rien pour moi ? lui demande-t-il. Pas une autre armure ? Ou l'épée ? Ou le bouclier ?

– Même pas un os pour Victor ? ajoute Ratus pour se moquer de lui.

– Non rien, répond Rapostrof. À part le coffret et la petite armure, le reste doit revenir au château, donc au musée de Villeratus puisque c'est là que nous gardons ce qui rappelle l'histoire de notre région.

Victor est déçu. Il s'approche de Ratus et lui chuchote à l'oreille :

– Tu me la prêteras, ton armure ?

– Je ne peux pas, répond le rat vert. Tu es trop gros. Tu ne rentrerais pas dedans !

– Après tout, je n'en veux pas ! grogne Victor. Elle est toute rouillée.

Là-dessus, les gendarmes arrivent, prennent des photos et entourent le trou d'un ruban jaune pour empêcher qu'on s'en approche.

– Chef gendarme, dit Ratus, est-ce que Rapostrof peut emporter mon armure pour la nettoyer ?

– Oui, si tu veux, mais ton trésor, c'est moi qui le garde pour l'instant.

Ratus se met sur la pointe des pieds et lui chuchote quelques mots à l'oreille.

– D'accord, répond le gendarme.

Le lendemain matin, il pleut. À huit heures, Ratus frappe à la porte des chats. Marou et Mina sont prêts à partir pour l'école.

– On ne pourra pas planter les fleurs aujourd'hui, dit la petite chatte.

– Tant pis, dit Ratus. Moi, je ne vais pas à l'école.

Et il lui tend une lettre d'excuses pour la maîtresse.

– C'est Rapostrof qui l'a écrite. Tu la donneras à Jeannette.

– D'accord, répond Mina.

Mais la petie chatte est curieuse. Dès que Ratus est parti, elle ouvre l'enveloppe et lit :

Chère Madame la maîtresse Jeannette,
Le petit Ratus ne pourra pas se rendre à l'école dans les jours prochains. Il ne pourra pas planter les arbres au bord de la rivière, c'est dommage, mais ça n'a pas d'importance parce qu'il pleut.

Que fait Ratus à la bibliothèque ?

Le petit Ratus n'est pas malade du tout, rassurez-vous, il est même en parfaite santé. Il va suivre mes leçons d'histoire à la bibliothèque, et c'est très important. Je vous tiendrai au courant de ses progrès.

Je vous remercie d'excuser mon petit Ratus, Chère Madame la maîtresse Jeannette. Je vous baise respectueusement la main et vous dis tout mon respect très respectueux.

Rapostrof, historien, poète et bibliothécaire.

Marou et Mina rient aux larmes, puis Mina remet la lettre dans l'enveloppe et part sur le chemin de l'école avec son frère.

Ratus, lui, a déjà pris la direction de la bibliothèque où il est accueilli par son cousin qui le conduit dans un cagibi et lui montre comment nettoyer son armure. 17

– Allez, frotte ! dit le vieux rat. Et que ça brille !

Et Ratus frotte. Il frotte en chantant, il frotte en sifflotant, mais de temps en temps, il grogne que c'est fatigant, et il frotte un peu moins vite…

Alors, Rapostrof va lui chercher un verre de lait et Ratus retrouve son rythme de travail. Il se remet à chanter ou à siffloter. Il s'applique, il en tire la langue, et l'armure brille de plus en plus. Parfois, il bâille, pique du nez et s'endort un moment sous le regard attendri de son cousin.

– C'est un bon petit, pense le vieux rat.

À la fin de la journée, tard dans la soirée, Ratus est épuisé, mais l'armure a retrouvé son éclat. Elle paraît presque neuve !

– Je peux coucher à la bibliothèque, ce soir ? demande le rat vert.

– Bien sûr, répond Rapostrof. Tu essaieras ton armure demain, à ton réveil.

Ratus est heureux. Ses yeux tombent de sommeil, et il s'endort en souriant.

Le lendemain matin, il enfile son armure. Ses yeux brillent de plaisir. Quel garçon n'a pas rêvé de porter un jour une armure de chevalier ?

– Je ferai très attention à ne pas l'abîmer, dit-il à Rapostrof.

Il se regarde dans un miroir.

– Je suis beau, mais il me manque une lance. Tu n'en aurais pas une ?

– Non, mais je dois avoir quelque chose qui fera l'affaire.

Rapostrof fouille dans le placard où est entre-posé le matériel de nettoyage. Il en sort un manche à balai.

– Tiens, dit-il. Essaie avec ça.

– Ce serait nettement mieux si tu y collais du papier doré.

Aussitôt dit, aussitôt fait, puis Ratus se contem-ple une dernière fois dans le miroir.

– Maintenant, je suis un vrai chevalier. Je suis le chevalier Ratus du Cactus. Je dois aller punir les méchants et chercher la princesse Mina qui sera ma chevalière. En avant ! 18

5

La pluie a cessé, mais le vent s'est levé et souffle en rafales. Sur les trottoirs encore mouillés de Villeratus, les gens se rendent à leur travail. Profitant de l'éclaircie, ils ont refermé leurs parapluies. Ils marchent d'un pas rapide pour ne pas être en retard. Dans les rues, les voitures font un bruit d'enfer. Les conducteurs klaxonnent pour réclamer le passage, ils s'énervent, roulent dans les flaques d'eau et arrosent les piétons. M. Labique, qui est occupé à ouvrir son magasin de fromage, montre soudain quelque chose, main tendue et bouche ouverte. En l'apercevant ainsi, transformé en statue, sa femme sort sur le seuil de la boutique, pousse un hurlement et s'évanouit.

À ce cri, M. Raoul, qui traversait la rue pour se rendre à son bureau de la mairie, s'immobilise, laisse tomber son parapluie qui s'envole aussitôt, et il pointe son doigt en direction de la bibliothèque en hurlant :

– Un Martien ! Un Martien !

Le marchand de fromage, lui, bafouille :

– Une… une boîte de… de conserve à pattes !

Un automobiliste regarde ce que montre M. Raoul, oublie de freiner, percute un camion de livraison, provoque un embouteillage et tout le monde s'affole.

– Un extraterrestre ! crient des passants.

Le Martien continue d'avancer. Il baisse l'étrange lance dorée qu'il tient dans sa main et se dirige d'un pas lent et maladroit vers les gens. Des sons étranges sortent de sa carapace.

– Il parle martien ! hurle à nouveau M. Raoul en se sauvant à toutes jambes.

C'est la panique. Tout le monde déguerpit et la rue est déserte en quelques minutes. M. Labique ferme la porte de sa boutique après avoir tiré sa femme par les bras pour la mettre à l'abri. Il est pris de terreur en voyant le Martien s'arrêter devant sa vitrine de fromages. Parole de Labique, pas question de vendre un seul fromage à un extraterrestre ! Il doit se cacher. Vite, il ouvre un placard, pousse sa femme entre deux balais, se prend les pieds dans un seau et referme la porte au moment où la sonnette de son magasin retentit.

19

Mme Labique reprend ses esprits. Elle lui dit à voix basse, mais d'un ton ferme :

– Un client, c'est un client ! Vas-y !

M. Labique, docile, réajuste son col et se rend derrière le comptoir pour servir l'étrange client.

– Et pour M. le Martien, ce sera ? demande-t-il poliment.

Une étrange voix sort en résonant de la boîte de ferraille qui se tient en face de lui, quelque chose comme :

– Chupamarchien ! Chfeudufromachatrou.

M. Labique ne comprend pas, mais comme l'étrange robot montre le gruyère, il en coupe un morceau, le pèse en appuyant sur le plateau de la balance et annonce un prix digne du caviar.

– Foleur ! crie le robot en brandissant la chose longue et dorée qu'il tient à la main.

– Je vous le donne, dit aussitôt M. Labique en sentant de grands frissons de terreur lui glacer le dos. Gratuit ! C'est un cadeau de Villeratus en l'honneur de la planète Mars.

Le Martien se frappe la tête avec l'index pour indiquer que le fromager est fou. Mme Labique, qui a entrouvert la porte du placard à balais, ne comprend pas le geste et reproche à son mari de ne pas être poli avec les clients.

– Il te dit merci, réponds-lui !

M. Labique fait non de la tête. Il en est sûr, les Martiens ne remercient pas en se tapant la tempe avec le doigt.

– Fais la même chose que lui, souffle-t-elle. Il sera content et il partira.

Alors le pauvre fromager regarde le robot et se frappe lui aussi la tête avec l'index.

– Echpèchdepapolimalélefé ! gronde le robot en agitant sa lance dorée.

Sa voix résonne dans la boutique. Aussitôt, M. Labique lui lance son morceau de gruyère, et aussi un camembert, et encore deux petits fromages de chèvre. Il s'apprête à continuer avec d'autres fromages, mais le Martien a déjà franchi la porte avec son butin et il disparaît dans la rue en provoquant un épouvantable bruit de ferraille qui fait peur aux oiseaux.

20

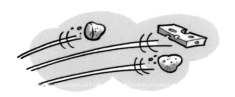

*Qu'est-ce que les élèves voient arriver
sur le chemin ?*

6

Les nuages ont maintenant disparu du ciel et laissé la place au soleil. Tandis que les gendarmes recherchent une soucoupe volante et un Martien équipé d'une longue antenne dorée, à l'école, le directeur décide que chaque classe ira planter son arbre en début d'après-midi.

Après le déjeuner, maîtres et élèves se rendent donc dans les prés qui bordent la rivière, mais surprise ! Pas de camion, pas de jardiniers, pas d'arbres ni de fleurs à planter. Le directeur téléphone à la mairie.

Soudain, les enfants montrent quelque chose qui avance sur le chemin, là-bas.

– Le Martien ! hurle le directeur qui a écouté les informations à la radio. En rang, les enfants, on retourne à l'école au pas de gymnastique.

Mais les enfants ne bougent pas. Ils semblent hypnotisés par ce qu'ils voient.

21

Tlak, tlak, tlak, font les pas du Martien sur le chemin.

Tlak, tlak, tlak…

D'une main, il agite sa longue antenne. De l'autre, il serre quelque chose contre lui.

– N'ayez pas peur, c'est Ratus ! s'écrie Mina, toute joyeuse. Il a mis l'armure du chevalier Oléard de Géline !

– Oléard de Géline junior, corrige Marou.

Le directeur ouvre de grands yeux et reste la bouche ouverte sans qu'aucun son n'en sorte. Jeannette se doute bien que Ratus cache un secret depuis la lettre de Rapostrof. Elle ne peut s'empêcher de sourire et elle se dirige vers le rat vert qui se précipite dans ses bras. Il grogne et sa voix résonne dans la ferraille :

– Chpeupachortir… Chuicoinché.

Ratus est prisonnier de son armure. Par chance, les jardiniers arrivent. Ils ont de l'huile spéciale contre la rouille dans leur boîte à outils, ce qui permet de libérer le museau du rat vert.

– Ouf ! dit Ratus. Je n'ai rien pu manger depuis ce matin. Mon museau était trop serré là-dedans ! Et mes oreilles ! J'ai été obligé de les plier pour qu'elles tiennent.

– Pauvre Ratus, fait Mina.

Les copains du rat vert l'entourent, lui posent

des questions et tâtent son armure.

Pendant ce temps, les jardiniers ont déchargé leur camion et le moment est enfin venu de planter des fleurs et un arbre par classe. Tout le monde est heureux et se met au travail, sauf Ratus qui ne peut rien faire parce qu'il est toujours coincé dans son armure. Il ne peut même pas s'asseoir !

– Heureusement que j'ai réussi à libérer mon museau, dit-il en dévorant les fromages de M. Labique. Sans quoi, j'allais mourir de faim.

Un jardinier sourit et lui dit :

– Je vais te sortir de ta boîte !

Très délicatement, avec un peu d'huile contre la rouille, il réussit à le libérer sans lui faire mal et sans abîmer son armure. Ouf !

7

Aux informations du soir, on parle du Martien et du trésor découvert par Ratus. Le présentateur commente les événements :

– Avec courage, notre fromager, M. Labique, a résisté à un Martien qui le menaçait avec son antenne. Il lui a même offert un camembert et du gruyère.

Il poursuit avec une autre nouvelle :

– Dans le pré du vieux saule, Ratus a découvert un véritable trésor. Des bijoux et des pièces d'or avec lesquels il pourra s'acheter des tonnes de fromage. Ses amis Marou et Mina pourront manger de la glace à la vanille jusqu'à la fin de leurs jours.

Les yeux du journaliste brillent. Il rêve… Manger une tonne de fromage, c'est bon pour les rats, manger des glaces à la vanille jusqu'à la fin de ses jours, c'est bon pour les chats. Mais pouvoir vivre sans rien faire, toujours en vacances, c'est son rêve !

Les spectateurs ferment les yeux devant leur écran, Marou et Mina rêvent aussi, Ratus s'imagine en train de compter des fromages et Victor s'endort en comptant des saucisses…

Mais le lendemain, une nouvelle inquiétante fait le tour de la ville.

– C'est grave, annonce Janot Leravi au journal télévisé du matin. Il paraît que le trésor de Ratus n'est plus dans le pré : il a disparu ! Et le chef des gendarmes est introuvable ! Nous avons demandé l'avis éclairé d'une spécialiste des services de renseignement. Elle va pouvoir nous dire si un représentant de l'ordre peut se sauver avec le trésor qu'il avait la charge de garder. Est-ce possible ?

– Tout à fait évidemment que non. En tant qu'espionnologue, je n'ai jamais vu une seule fois ce cas dans toute ma carrière.

– Bizarre, bizarre… Pourtant le trésor a bien disparu. Et le gendarme aussi.

– C'est impossible que ce soit possible.

Le présentateur du journal télévisé n'est pas de cet avis.

– Ne pensez-vous pas qu'il a pu s'enfuir avec le trésor sur une île au soleil ?

22

– Invraisemblable, c'est un homme sérieux. Mais on peut imaginer autre chose, ajoute-t-elle. Il a peut-être été enlevé avec l'or et les bijoux…

Aïe, aïe, aïe… Adieu le trésor !

Ratus, lui, ne semble pas inquiet. Il sort de chez lui et se dirige vers le chemin où une voiture l'attend. Un chauffeur le salue et lui ouvre la portière.

– Où vas-tu ? lui crie Belo depuis son jardin.

– À la mairie. J'ai rendez-vous avec le maire.

– Mais… ton trésor a disparu !

– Tout à fait évidemment que non, répond le rat vert en imitant l'espionnologue, ce qui déclenche un fou rire de Mina et de Marou.

Il monte dans la voiture officielle et s'installe comme s'il était un personnage important.

Appuyé contre le portail des chats, Victor le regarde partir. Il soupire.

– Le chevalier Ratus du Cactus joue au grand seigneur depuis qu'il a une armure et un trésor. Et depuis qu'il est écolo, il n'est pas rigolo. Il ne m'embête même plus !

Après la réunion avec le maire, la voiture emmène Ratus à l'école. Que s'est-il dit à la mairie ? Pourquoi le rat vert a-t-il rencontré le premier personnage de la ville ? C'est un secret, et il ne veut pas en parler. À personne. Même pas à Jeannette, bien qu'il en ait très envie.

Quand il se retrouve dans la cour de récréation, Ratus est bousculé par les grands, ceux qui font toujours les malins.

– Pourquoi tu es allé à la mairie ? Dis-le-nous ou on mange le fromage de ton goûter.

Le rat vert n'est pas rassuré.

– Euh… c'est pour l'environnement.

– Donne-nous les pièces d'or ou on te coupe les oreilles en forme d'oreilles d'âne !

Ratus prend son portable et appelle Victor.

– Viens vite. Les grands veulent me faire du mal. Apporte-moi mon armure et ma lance.

– J'ai une meilleure idée, répond Victor, heureux que Ratus pense à lui. Je vais me déguiser en garde du corps et j'arrive pour te protéger.

En voyant le gros chien entrer dans la cour de l'école, en costume noir et lunettes sombres, les grands se calment.

Le jour suivant, Ratus retourne à la mairie, accompagné de Victor, toujours habillé en garde du corps. On ne sait jamais ! Le rat vert parle au maire, tient tête à l'inspecteur de l'école, puis il se livre à de savants calculs avec le secrétaire de mairie qui s'occupe du budget.

Après deux heures de discussions, tout le monde se serre la main et signe un contrat intitulé *« Trésor et environnement »*.

– À ce soir, dit le maire. D'ici là, motus et bouche cousue !

C'est ainsi qu'à vingt heures précises, le journal de TVR s'ouvre avec Ratus et le maire qui font face à Janot Leravi.

– Ratus a eu une idée géniale, annonce le présentateur. Il trouve qu'on abîme la nature, qu'on ne la respecte pas assez, alors…

– C'est vrai, coupe le maire, il faut respecter la nature et protéger l'environnement.

– Moi, j'ai un cactus, ajoute Ratus, eh bien, je le respecte. Je ne l'arrose pas trop et, quand il pleut, je lui mets un imperméable pour…

Janot Leravi l'interrompt.

– Je ne vois pas le rapport entre ton trésor, ton cactus et l'environnement.

– Mais si, répond Ratus. D'abord, j'offre mon trésor au musée où il y aura une salle spéciale consacrée au chevalier Oléard de Géline et à la jolie Touène de Titou…

— Comment sais-tu qu'elle était jolie ? lui demande Janot Leravi, intrigué.

— C'est Rapostrof qui me l'a dit.

— Ratus, si je comprends bien, reprend le présentateur, tu as donné ton trésor au musée.

— Pas tout à fait. J'ai donné mon trésor à la mairie pour qu'elle le donne au musée.

— Les téléspectateurs n'y comprennent plus rien, et moi non plus. Pourquoi l'as-tu donné à la mairie et non pas au musée ?

— Parce que le musée est pauvre et que la mairie est riche, pardi !

Le maire se met à tousser.

— Chers téléspectateurs, la mairie n'est pas très riche. Mais elle peut payer le trésor en plantes, en fleurs, en arbustes et en arbres pour embellir notre ville, comme me l'a demandé Ratus.

Surprise et silence dans les familles. Le caméraman fait un gros plan sur Ratus.

— Tu as échangé ton trésor contre des plantes ? s'étonne Janot Leravi.

— Oui ! On va pouvoir finir le travail commencé avec les copains au bord de la rivière et planter beaucoup de fleurs, d'arbustes et d'arbres, là où il

*Qu'a donné Ratus pour pouvoir embellir
les bords de la rivière ?*

y avait des prés pollués et couverts de détritus.

Il reprend son souffle, puis continue :

– Mais il y a une condition ! Ce sont seulement les élèves de ma classe qui planteront tout.

– Seulement les élèves de la classe de Jeannette ?

– Eh oui ! Surtout pas les grands. Ils voulaient couper mes jolies oreilles vertes.

– Mais il va vous falloir des mois pour planter tout ça !

– Je sais, répond Ratus. C'est prévu. Mais après, on aura la plus belle rivière du monde, avec des prés tout propres, des buissons fleuris, des arbres et même une forêt.

– Et quand ce sera fini, ajoute le maire, grâce à Ratus, nous ferons de ce bel endroit un parc naturel.

Dans les familles, on commente la nouvelle. On se dit que Ratus est très généreux, et qu'il est vraiment le roi des écolos.

8

Le lendemain, à l'école, Ratus est accueilli en héros. Jeannette le félicite, ses copains l'applaudissent, mais les grands font la tête. Même le directeur a l'air grognon.

– J'aurais bien aimé planter des arbres, moi aussi, avec mes grands élèves, ronchonne-t-il.

Une fois rentrés en classe et installés à leurs bureaux, les élèves croisent les bras pour écouter Jeannette.

– Dis-moi, Ratus, comment allons-nous faire pour nous transformer en jardiniers alors que nous devons apprendre à lire, à écrire et à compter, sans parler du reste ?

– J'ai tout prévu avec le maire, maîtresse, dit le rat vert.

Il se lève et porte une feuille à Jeannette.

– C'est écrit là. On ira planter les arbres à la place des leçons. C'est même signé par l'inspecteur. Il ne voulait pas, mais il a dit oui quand il a vu Victor dans son costume de garde du corps.

Jeannette rit, puis elle vérifie. C'est exact.

– Mais si vous n'allez plus à l'école, vous allez devenir ignorants ! dit-elle à ses élèves. Et moi, je ne veux pas avoir une classe d'ignorants.

– Pas de problème, fait Ratus en montrant un autre paragraphe du contrat. On travaillera tous les matins jusqu'à dix heures, et après, hop ! au bord de la rivière pour les plantations.

Jeannette fait non de la tête.

– Une heure et demie par jour, ça ne suffira jamais.

– Mais si, répond Ratus, parce qu'on écoutera bien et on travaillera vraiment au lieu de faire des sottises et de dire des réponses idiotes pour amuser les copains. Tout le monde est d'accord.

– Oui, m'dame Jeannette ! crient tous les élèves. C'est promis, on travaillera dur.

– On se donnera même des cours particuliers après la classe, ajoute Ratus. Mina va m'aider en orthographe et Capra m'aidera à compter les fromages de ses parents. Les lapins nous expliqueront les multiplications et Marou nous apprendra à dessiner des ronds, des carrés et des rectangles. Même Victor a promis de nous apprendre à nager. Il a dit qu'il viendrait au bord de la rivière quand on y sera puisque vous y serez aussi.

Là, Jeannette devient toute rouge.

– Puisque l'inspecteur est d'accord, dit-elle en pensant à Victor, on commence aujourd'hui même. Allez, au travail !

À dix heures, à la récréation, les grands sont accrochés à la grille de l'école pour voir la classe de Jeannette qui part en chantant :

Bravo, bravo ! Nous allons au boulot
Pour y planter deux cents bouleaux
Bravo, bravo…
Bravo, bravo ! C'est nous les écolos
On va planter trois cents bouleaux
Bravo, bravo…

Quand les élèves de Jeannette arrivent au bord de la rivière, les jardiniers sont en train de décharger leur premier camion de fleurs, d'arbustes et d'arbres.

– Il y aura un camion chaque jour, annonce Ratus, tout fier. On aura juste fini à la fin de l'année, pour les grandes vacances.

Rapostrof est là avec un gros livre sur les plantes, et Victor aussi.

— Regardez, maîtresse ! crie Ratus. Victor a mis un nœud papillon pour planter des fleurs ! Je parie que c'est pour vous.

— Euh… non… bafouille le gros chien. C'est pour la télévision.

Bien sûr, Victor est tout rouge, et Jeannette aussi, mais c'est un peu vrai : il s'est fait beau pour passer à la télévision. Des caméras filment l'événement. Le maire arrive au pas de charge, s'empare du micro et déclare :

— Nous avions ici une rivière polluée, bordée de prés transformés en poubelles. C'était une honte ! Mais l'école de notre ville a tout nettoyé. Et maintenant, grâce à Ratus, nous allons planter des fleurs, des arbres, et nous aurons un magnifique parc au bord de l'eau. Merci Ratus ! Merci à tous ses camarades ! Merci à Jeannette ! Sans oublier notre savant Rapostrof et les gendarmes.

Il s'éclaircit la voix, puis reprend :

— Je voudrais avoir un mot spécial pour le chef des gendarmes. Cet homme courageux est resté enfermé dans la cave à fromages de Ratus pour garder le trésor, car c'est là qu'il était caché. Deux jours dans une cave à fromages sans mettre le nez dehors ! Je le décorerai pour cet acte d'héroïsme.

Que font Ratus et ses copains pour sauver la nature ?

Ratus hausse les épaules et marmonne :

– Être enfermé au milieu de mes fromages, c'est déjà une récompense !

Le maire, toujours filmé par la télévision, donne le premier coup de pelle pour planter le premier arbre du futur parc, puis il serre la main de Jeannette et de tous ses élèves avant de s'en aller.

La vraie plantation commence alors avec l'aide de Victor et des jardiniers. Vers midi, tandis que les grands mangent des brocolis et des épinards à la cantine de l'école, la mairie fait livrer un super pique-nique aux champions de l'environnement.

Ratus avait même prévu ça dans le contrat *« Trésor et environnement »* : un super pique-nique tous les jours !

Quel malin, ce rat vert !

Assis dans l'herbe, entouré de tous ses copains, Ratus mord dans son sandwich. Il est heureux.

1
se raviser
Changer d'avis.

2
vexé
Contrarié, pas content.

3
horrifié
Quand on est choqué,
scandalisé.

4
une **allergie**
Réaction à quelque chose
qu'on ne supporte pas et
qui nous rend malade.

5
les **berges**
Les bords de la rivière.

6
illico
Immédiatement, tout
de suite.

7
fredonner
Chanter à mi-voix.

8
des **castagnettes**
Petit instrument composé
de deux parties que
l'on fait claquer l'une
contre l'autre avec
la main pour
marquer
le rythme.

9
terrorisé
Qui a très peur.

10
angoissé
Très inquiet, qui a
la gorge serrée par la peur.

11
jouer au **fanfaron**
Faire celui qui n'a pas
peur.

12
inoffensif
Qui ne fait pas de mal
aux autres.

13
un **parchemin**
Peau d'animal,
spécialement préparée
pour qu'on puisse écrire
dessus.

14
se planter
Se tenir debout,
immobile.

15
un **sceau**
Morceau de cire
qui porte les emblèmes
du chevalier.

16
léguer
Donner par héritage.

17
un **cagibi**
Débarras, petite pièce
de rangement.

18
ma **chevalière**
Mot inventé par Ratus
pour désigner la femme
d'un chevalier.

19
percuter
Heurter, frapper avec
violence.

20
un **butin**
Ce que l'on prend
à un ennemi.

21
hypnotisé
Tellement étonné qu'on
ne voit plus rien d'autre
et qu'on ne peut pas
bouger.

22
une **espionnologue**
Spécialiste
de l'espionnage.
(Mot inventé).

Les aventures du rat vert

Super-Mamie et la forêt interdite

Les histoires de toujours

Ralette, drôle de chipie

L'école de Mme Bégonia

La classe de 6e

Les imbattables

Baptiste et Clara

Francette top secrète

M. Loup et Compagnie

Conception graphique couverture : Pouty Design
Conception graphique intérieur : Jean Yves Grall • mise en page : Atelier JMH

Imprimé en France par Pollina, 84500 Luçon - n° L52486
Dépôt légal n° 92960-1/01 - janvier 2010